PROJET DE JONCTION

DE

LA SAONE A LA MEUSE

Par le Docteur GARNIER

Ancien Médecin Inspecteur des Eaux minérales de Plombières

ÉPINAL

IMPRIMERIE DE L. FRICOTEL, RUE DU COLLÈGE, 2

1865

PROJET DE JONCTION

DE LA

SAONE A LA MEUSE

V

39885

Epinal, Imprimerie de L. FRICOTEL, rue du Collége, n° 2

Ⓒ.

PROJET DE JONCTION

DE LA

SAONE A LA MEUSE

Par le Docteur GARNIER

Ancien Médecin Inspecteur des Eaux minérales de Plombières

❦

EPINAL

IMPRIMERIE DE L. FRICOTEL, RUE DU COLLÉGE, N° 2

1866

AVANT-PROPOS

Une distance peu considérable sépare dans le département des Vosges deux rivières importantes, la Meuse et la Saône. Toutes deux traversent l'arrondissement de Neufchâteau, et se dirigent l'une vers la mer du Nord et l'autre vers la Méditerranée. Leurs positions respectives étaient propres à faire naître l'idée de leur union par un canal, et déjà l'on s'en était occupé au siècle précédent.

Pendant ces dernières années, l'entreprise du percement de l'isthme de Suez a donné un nouvel et puissant intérêt à la pensée d'un travail analogue à travers la France, et, par une ligne navigable dans le dépar-

tement des Vosges, à la jonction de deux grandes mers.
Plusieurs articles, où j'ai cherché à établir l'importance
de cette communication, ont été publiés dans le *Courrier des Vosges*. Le premier a paru à la date du 24
novembre 1860, le second à celle du 10 mai 1862, le
troisième du 23 décembre de la même année, le quatrième du 14 novembre 1863 et le cinquième du 17
octobre 1865.

Après y avoir rectifié, retranché et ajouté ce qu'il
m'a paru convenable, on les trouvera rapprochés dans
ce petit opuscule, de manière à mieux en juger l'ensemble. Il y sera indiqué, pour réunir les deux
rivières, différents projets basés sur la diversité des
lieux susceptibles d'être adoptés comme points de
partage. Je donnerais la préférence à celui d'entr'eux
où le sommet de la navigation d'une mer à l'autre,
placé à l'altitude la plus faible, serait en même temps
le plus voisin du milieu de la voie et recevrait des eaux
en plus grande abondance.

On s'est plus d'une fois occupé de la création d'une
communication par eau dans les Vosges ; mais jusqu'à
présent aucun résultat bien important n'a été obtenu.
L'attention s'est portée sur la jonction de la Saône,
tantôt à la Moselle, tantôt à la Meuse. Un document

relatif à l'époque de la domination romaine a rapport à la première de ces idées, et d'autres, beaucoup plus récents, se rattachent à la seconde.

Dans le siècl. dernier, au temps d'un duc de Lorraine, on avait conçu le projet de faire communiquer la Saône avec la Meuse, du côté du Vair et du ruisseau de Viviers-le-Gras, avec cependant une portion de trajet à faire par terre. Sous le règne de Stanislas, on s'occupa de l'union de ces deux rivières, en se dirigeant surtout du côté du Mouzon et du ruisseau d'Isches.

A une époque plus récente, en 1843, la Société d'Émulation du département des Vosges a témoigné l'intérêt qu'elle prenait à un projet de canalisation soumis à son examen. On lui a lu un rapport fait au nom d'une commission chargée de rechercher les documents statistiques nécessaires pour bien apprécier l'importance d'une navigation établie dans les Vosges et l'utilité relative des lignes proposées. On y trouve ces renseignements :

« Votre commission n'a pas dû porter ses recherches sur toutes les lignes que les études de M. Lacordaire ont embrassées, sur toutes les variantes dont le détail descriptif est consigné dans ses mémoires. Elle a dû se circonscrire dans l'hypothèse dont l'adoption, d'après les observations de M. Lacordaire, semble la plus probable.

« Sous le nom de projet présenté, cet ingénieur désigne un projet qui, bien certainement, doit rallier toutes les sympathies des Vosges. C'est celui qui se compose d'un tronc commun remontant la Saône jusqu'à Senonges, d'une ligne navigable par les vallées du Vair et de la Meuse, portant à Mauvage une nouvelle ressource alimentaire au canal de la Marne au Rhin, d'un canal alimentaire partant de Remiremont et passant à Épinal pour aboutir à Senonges, et d'une troisième ligne quittant le canal alimentaire auprès d'Épinal et allant, par les vallées de l'Avière, de la Moselle et de la Meurthe, rencontrer le canal de la Marne au Rhin à Dombasle. Ce projet constitue un admirable réseau portant les bienfaits de la navigation dans quatre arrondissements distincts, et appelant tous les éléments d'importation et d'exportation qui appartiennent aux localités parcourues, en même temps qu'il dessert toutes les directions principales du commerce extérieur. Certes, nous n'hésiterions pas à placer ce projet en premier ordre et nous eussions porté nos investigations sur toutes les branches dont il se compose, si nous n'eussions eu le regret de penser que le Gouvernement l'avait en quelque sorte condamné d'avance en prescrivant l'étude de la ligne du Madon. Cette conviction, qui nous inspire de vifs regrets, nous a déterminés à concentrer nos études sur les deux lignes qui nous paraissent devoir seules rester en présence, la ligne du Madon, qualifiée de projet préféré, et la ligne du Coney, que des études nouvelles permettraient de rendre plus courte et de perfectionner dans son tracé. »

La Société a voté l'impression du rapport dans les *Annales* de 1844, et le tirage à part et immédiat de 500 exemplaires.

Le but principal de ces deux projets me parait être de joindre la Saône au canal de la Marne au Rhin. D'après le premier, une ligne navigable serait établie depuis la Saône jusqu'à ce canal, à Mauvage, par les vallées du Vair et de la Meuse, et une autre ligne jusqu'à Dombasle, par les vallées de l'Avière, de la Moselle et de la Meurthe.

D'après le second, on suivrait une partie de la vallée du Madon ; puis, à peu de distance de Pont-Saint-Vincent, la voie se partagerait en deux branches. L'une irait au canal de la Marne au Rhin à une lieue au-dessus de Nancy, et l'autre à ce même canal près de Toul.

Les travaux auraient donc pour résultat de faire communiquer la Saône avec le canal de la Marne au Rhin, en deux lieux différents dans le département de la Meurthe, par le projet préféré, ou en un point de ce même département et un autre de celui de la Meuse, par le projet présenté.

Tous ces projets auraient leur point culminant à proximité de la Saône, et le courant s'établirait du midi vers le nord pour aller à la Meuse dans les deux premiers, conçus au siècle dernier, et dans les deux autres pour se rendre au canal de la Marne au Rhin.

Par un projet dont le point de partage serait à la Meuse, en aval de Domremy-la-Pucelle, le courant se dirigerait du nord au midi, pour s'unir à la Saône.

Dans aucun des quatre premiers, le sommet des versants ne se trouverait aussi voisin que dans ce dernier du centre de la voie. Il ne serait non plus ni à une hauteur aussi faible au-dessus du niveau de la mer, ni susceptible de recevoir autant de concours des deux rivières les plus considérables de la Lorraine, la Moselle et la Meuse.

Il me semblerait bien difficile, peut-être même impossible, d'obtenir une grande navigation dans le trajet de la Meuse à la Saône en plaçant sa partie culminante à la cime des monts Faucilles. A une telle élévation on ne rencontrerait pas assez de ressources. Mais en y cherchant un lieu de passage plutôt qu'un point de partage, on pourrait arriver à un meilleur résultat. On choisirait, afin de parvenir à ce but, le faîte le moins élevé de cette chaîne de montagnes, et on le traverserait par une tranchée assez profonde pour y faire passer le canal de jonction. Avant de franchir la tranchée, le canal serait parti, à quelque distance de là, d'un point de partage à la Meuse, susceptible par sa position de réunir des eaux en abondance.

Si l'exécution de ce projet entraînait une dépense considérable, le résultat en serait grand aussi. D'ailleurs cette dépense serait surtout représentée par le travail de l'ouvrier, non par un travail dont le produit aurait une courte durée, mais par une œuvre dont hériteraient des siècles.

Une petite carte sera jointe à cet opuscule. Le canal de jonction y est désigné par une coloration en bleu, et le canal alimentaire par la couleur rouge. Les chiffres indiquant l'estimation de l'altitude près du point de départ à la Moselle, l'altitude de la Meuse en aval de Domremy-la-Pucelle, et celle de la Saône près de Saint-Julien, sont en rouge encore.

Les altitudes et les distances peuvent, en général, être considérées comme approximatives, puisque le même renseignement, recherché à des sources différentes, ne s'y rencontre pas toujours d'une manière identique.

M. GLEY, auteur de la *Géographie des Vosges*, a eu la complaisance de m'autoriser à me servir de cartes comme celle de son ouvrage. Elles en diffèrent cependant par un changement de date et des indications coloriées concernant le projet que je préfère.

M. Léon VENZAC a été aussi très-obligeant. Rédacteur en chef du *Courrier des Vosges*, il a bien voulu accueillir dans les colonnes de ce journal une grande partie de mes articles, et m'a encouragé à cette publication.

PROJET DE JONCTION

DE LA

SAONE A LA MEUSE

I

POSSIBILITÉ & IMPORTANCE DE LA JONCTION DE LA SAONE A LA MEUSE

La Saône coule dans l'arrondissement de Mirecourt, et la Meuse dans celui de Neufchâteau. Un canal qui réunirait ces deux rivières, et d'autres travaux appropriés établiraient, de la frontière du nord de la France à celle du midi, la voie de navigation la plus directe. Si, en effet, une ligne était tracée dans ce sens, en passant par Lyon, d'un côté elle traverserait la Meuse près de Sedan, et de l'autre elle aboutirait à la Méditerranée près des Bouches du Rhône.

Ce canal ne serait pas, comme celui du Rhône au Rhin, près de la frontière dans une portion de son étendue, et, pour gagner la mer du Nord, le trajet à l'étranger serait moins long que pour s'y rendre en suivant le Rhin.

Enfin, il serait partie d'une sorte de grande artère à laquelle viendraient se rattacher le canal des Ardennes, le canal de Bourgogne, celui du centre et celui du Rhône au Rhin. Le canal de la Marne au Rhin, dans son passage au-dessus de la Meuse, y serait encore relié en le faisant communiquer avec cette rivière.

La disposition des lieux, sous le rapport de leur niveau, ne serait pas un obstacle à l'exécution de ce projet, et l'abondance des eaux s'y prêterait encore. Ainsi sur une carte du département des Vosges, par M. HOGARD, on trouve indiqué, dans deux cantons voisins, une hauteur de 314 mètres au-dessus du niveau de la mer, peu loin de Darney, et une de 304 mètres près de Vittel, la première à proximité de la Saône, et la seconde du Vair.

Si l'on se basait sur ces données, et que la distance entre les deux cours d'eau fût franchie par un canal sa partie la plus haute pourrait être à Bonvillet, ou en amont de ce village. Un bassin creusé dans le lit de la Saône et sur ses côtés, servirait de point de partage.

Un canal en sortirait et se dirigerait d'un versant à l'autre, au moyen d'un tunnel, ou par l'abaissement de la crête de la montagne qui les sépare. Arrivé entre Vittel et le Vair, on prendrait pour guide la direction de ce ruisseau, qui se réunit à la Meuse au-delà de Neufchâteau. L'autre branche de bifurcation de la Saône se porterait du côté du midi.

La partie supérieure de la Saône, qui s'étendrait depuis la source jusqu'au point de partage, le Vair et la Vraine fourniraient au canal de jonction. Un autre cours d'eau aurait de l'importance pour concourir au même but. Ce serait le ruisseau de Cône, qui part de l'étang du Barillet, situé au Void-de-Cône, dans le canton de Remiremont, à 450 mètres, ou à peu près, au-dessus du niveau de la mer. Ce ruisseau est encore à 380 mètres ou environ d'altitude, au bas de la côte de Xertigny, près d'un lieu où il fait mouvoir un moulin.

Dans une portion de son trajet, le Coney se trouve à une petite distance de la Saône, qu'il va rejoindre dans un département voisin. En le déviant un peu de la direction qu'il prend vers le midi, on le ferait arriver à cette rivière sur un point assez élevé, et il contribuerait à l'alimentation du canal, pour l'entretien duquel l'étang du Barillet serait propre à servir de réservoir.

D'autres eaux seraient recueillies au Void-de-Cône, s'il était nécessaire. Il en part encore un ruisseau qui sert de moteur à une papeterie à Arches.

Enfin, en cas d'insuffisance de tous ces moyens, une partie de la Moselle elle-même pourrait être amenée à l'étang du Barillet. Il y aurait un tunnel à pratiquer pour lui livrer passage. La déviation serait prise dans la vallée de Remiremont à Bussang. Un vaste réservoir, si on le jugeait utile, y serait établi.

Avec de telles ressources, une voie serait praticable sur de grandes dimensions, et, si elles étaient assez profondes pour porter des bâtiments propres à tenir la mer, on irait un jour de la Baltique à l'Inde, en traversant la France et l'Egypte, sans passer dans la Manche, près d'une rive anglaise, ni près de Gibraltar.

Si une étude qui serait faite du côté du Vair ne produisait pas un résultat satisfaisant, une autre pourrait être dirigée de Monthureux-sur-Saône aux environs de Lamarche, vers le cours du Mouzon.

II

COMMUNICATION INTERNATIONALE

S'il était besoin d'invoquer des arguments en faveur
de l'importance des communications par eau, on en
trouverait un dans le projet de création d'un nouveau
canal, celui des houillères de la Sarre, et dans le dé-
cret qui concerne le prolongement du canal de la haute
Seine.

Le département des Vosges n'offre pas de ces voies
de navigation, malgré des conditions favorables à leur
établissement, par la multiplicité de ses ruisseaux et
de ses rivières, et par sa position intermédiaire entre
le nord et le midi de la France, vers lesquels se dirigent en sens inverses, des sources partant de points
très rapprochés. Cependant le nombre des manufactures
et les produits du sol sont bien propres à attirer l'attention sur cette région industrielle.

J'ai cherché à établir la possibilité et l'importance

de la jonction de la Saône" à la Meuse, dans un article publié par le *Courrier des Vosges*, et j'ai rappelé, dans une autre note, un ancien projet d'union du Danube au Rhin.

D'après des renseignements dignes de foi qui m'ont été donnés depuis cette époque, une communication a lieu entre le Rhin et le Danube par l'intermédiaire du Mein et d'un canal important, navigable dans toute son étendue pour des bateaux propres à porter de 4 à 5,000 tonnes chacun. Un transit considérable se fait dans cette direction, et établit des relations entre la mer Noire et la Baltique.

Or le Mein se jette dans le Rhin un peu au-dessous de Mayence. En remontant le fleuve, on arriverait en France, où l'on rencontrerait le canal de la Marne au Rhin. Une communication par eau existe donc sur une étendue de six à sept cents lieues au moins, depuis l'embouchure du Danube jusqu'à celle de la Seine ; et, si elle était améliorée sur quelques points, du Hâvre à Odessa, des relations s'établiraient en traversant l'Europe.

D'un autre côté, si la jonction de la mer du Nord à la Méditerranée se réalisait à travers la France, le Danube et le Rhin se rattacheraient, par le canal de la Marne au Rhin, et par celui du Rhône au Rhin, à cette

voie qui aurait à ses extrémités la Meuse et le Rhône.
La Seine s'y relierait par le canal de la Marne au Rhin,
la Loire, par celui du centre, et, enfin, la Gironde
par le canal latéral a la Garonne, par celui du midi
et par une suite de canaux, qui, partant de ce dernier,
longent des étangs au sud du département de l'Hérault,
et joignent le Rhône près de son embouchure et à
Beaucaire.

Ainsi, sept fleuves, se rendant à des mers différentes,
seraient mis en rapport, et des intérêts commerciaux
importants pourraient se grouper près de cette grande
artère, qui s'étendrait de l'embouchure de la Meuse à
la Méditerranée.

Ainsi encore, se trouveraient évités les détroits de
Gibraltar et des Dardanelles, le premier, dans des
voyages du nord au midi, et l'autre dans des voyages
de l'orient à l'occident de l'Europe.

La Russie possède une longue voie d'eau intérieure,
et, par des canaux que Catherine II a fait terminer,
le lac Ladoga, placé à peu de distance de Saint-Péters-
bourg, et d'où part la Néva, communique avec le
Wolga, et par là avec la mer Caspienne.

L'Allemagne a aussi sa longue voie de communication par eau, opérée par la jonction du Danube an
Rhin, qui a réalisé la pensée de Charlemagne.

En France, l'union de la Meuse au Rhône, par l'intermédiaire d'un canal et de la Saône, formerait à l'intérieur la grande voie de navigation.

Cette voie, de la mer du Nord à la Méditerranée, serait pour la Hollande, dans ses rapports avec ses possessions de l'Océanie, et pour d'autres Etats, une sorte de complément de cette œuvre gigantesque entreprise en Egypte, à la suite de laquelle on passera de la Méditerranée dans la mer des Indes, en traversant l'isthme de Suez et la mer Rouge.

La navigation offre une puissante ressource pour l'agriculture, le commerce et l'industrie, et des masses considérables sont conduites sur les canaux à moins de frais que par d'autres moyens de transport. On peut même en espérer des avantages plus importants pour l'avenir, si le prix du bois, employé abondamment dans certain mode de circulation, vient à s'accroître, et que, dans un temps peu éloigné, la pénurie s'en fasse sentir.

Une autre considération milite en faveur des communications à l'établissement desquelles contribue le redressement des rivières. La quantité de terrain enlevée à l'agriculture pour la construction des grands chemins n'est pas sans présenter un inconvénient assez grave, qui grandira encore si leur nombre se multiplie trop et si la population augmente ; tandis qu'en rectifiant les sinuosités d'un cours d'eau, la surface du sol, convertie en prairie ou livrée à diverses cultures, pourra être plus considérable que celle employée pour la nouvelle voie de circulation.

III

TRAJET DE LA BALTIQUE A LA MER DE LA CHINE

Les travaux de percement de l'isthme de Suez ont été poussés, depuis quelque temps, avec une telle activité qu'il ne doit plus rester de doute sur la réalisation de cette grande entreprise, pour une époque peu éloignée. Le moment me semble donc venu d'examiner une question qui se rattache à mes articles insérés dans les numéros du *Courrier des Vosges*, en date du 24 novembre 1860 et du 10 mai 1862. Tous deux ont pour but principal de chercher à établir l'importance de la jonction de la Saône à la Meuse.

Déjà l'on peut se demander quel itinéraire on suivra dans la première partie du voyage du nord-ouest de l'Europe au midi et à l'est de l'Asie. Traversera-t-on la Manche et le détroit de Gibraltar ? Suivra-t-on la navigation du Rhin, unie à celle du Danube par le Mein et un canal, et passera-t-on par la mer Noire et le détroit des Dardanelles ? Ou bien ouvrira-t-on une voie nouvelle à travers la France, au moyen d'un canal de la Saône à la Meuse, et entrera-t-on dans la Méditerranée par le golfe de Lion ?

L'intérêt de l'Angleterre et la possession de Gibraltar feraient probablement désirer à cette puissance que l'on adoptât la traversée par la Manche ; mais cette direction serait beaucoup plus longue que le trajet dans l'intérieur de la France. Les navires venant des ports de la mer du Nord longeraient des côtes de la Grande-Bretagne, de l'Espagne et du Portugal, avant de pénétrer dans la Méditerranée. D'ailleurs, la Manche et le détroit de Gibraltar ne se franchissent pas toujours sans dangers, et d'autres périls encore pourraient s'y présenter, si la paix de l'Europe venait à être gravement compromise.

La navigation du Rhin, unie à celle du Danube, parcourue pour arriver à la Méditerranée, aurait plus d'étendue que celle de la Meuse, mise en relation avec la Saône et le Rhône, et ne se trouverait pas toujours exempte de difficultés et même d'interruption : car le Danube, en hiver, a ses glaces ; la mer Noire, le canal de Constantinople et le détroit des Dardanelles ont leurs courants.

La voie qui traverserait la Hollande, la Belgique et passerait, dans près de deux tiers de son étendue, sur le sol de la France, paraît bien préférable aux deux autres. Elle présenterait plus de promptitude et de facilité dans les communications. On pourrait l'alimenter sur une largeur et sur une profondeur considérables, avec d'abondantes eaux des montagnes des Vosges, dirigées vers le sommet de ses versants océanien et méditerranéen.

Dans ce département, la Meuse à Neufchâteau se trouve à 282 mètres au-dessus du niveau de la mer, et la Saône à Darney est à 265, ou approximativement. Un canal, parti de la première de ces villes, se rendrait à la seconde en suivant une pente inférieure à un mètre par deux kilomètres, et mettrait en rapport les deux rivières séparées actuellement par une distance de 39 kilomètres, ou à peu près. La partie supérieure de la Meuse, le Mouzon et le Vair lui fourniraient des eaux. Il pourrait en recevoir aussi de la Moselle.

Cette voie de la mer du Nord à la Méditerranée, au point de vue de l'intérêt de la France, aurait beaucoup d'importance ; elle servirait utilement l'agriculture et les relations industrielles et commerciales. Dans certaines éventualités de guerre, elle leur offrirait plus de sécurité, et, pour aller du nord au midi, gagner cette mer, que l'on peut considérer comme un lac en partie français, le chemin le plus sûr serait alors celui que l'on suivrait en passant chez soi.

Pour que des rives de la Baltique jusqu'aux parages de la mer de la Chine la navigation se fasse par la voie la plus habituellement praticable et sans de bien longs détours, à l'avantage de nations nombreuses, il y a trois lacunes à faire disparaître : la première est celle dont actuellement on s'occupe en Egypte. Un projet de loi, approuvé par le Gouvervement danois et relatif à la construction d'un canal destiné à relier la mer du Nord à la Baltique, se rapporte à la seconde. Ce projet a vraisemblablement pour but d'éviter surtout les dangers du passage des Belt et du Sund. Enfin, la troisième lacune se trouve en France. Elle cesserait d'exister par la jonction de la Saône à la Meuse et par des améliorations secondaires. Les travaux en Egypte avancent rapidement. Espérons qu'après leur achèvement, la pensée, toute française, qui aura présidé au succès du percement de l'isthme de Suez, fera terminer l'œuvre entière près des bords de la Meuse, de la Saône et du Rhône.

IV

JONCTION DE LA SAONE A LA MEUSE

Après avoir cherché à établir, par différents articles publiés dans le *Courrier des Vosges*, la possibilité et l'importance de la jonction de la Saône à la Meuse, je vais indiquer quelle direction me paraîtrait préférable pour les réunir dans ce département. J'indiquerai aussi quelles ressources on trouverait pour l'accomplissement de cette œuvre.

La possibilité de joindre la Saône à la Meuse, en partant de Neufchâteau, n'est pas douteuse, je crois. La dernière de ces rivières y présente une altitude de 282 mètres. Vers le midi de l'arrondissement, dans le canton de Lamarche, non loin du village de Saint-Julien, une altitude de 241 mètres se trouve indiquée près de la Saône, sur la carte de l'Etat-Major. Approximativement la distance d'un de ces points à l'autre, en passant dans le voisinage du Mouzon, serait de 48 kilomètres, et il y aurait entre eux une différence de niveau de 41 mètres. L'intervalle serait franchi au moyen de tranchées plus ou moins profondes et même d'un tunnel, s'il était impossible de s'en passer. On trouverait à s'aider, dans la recherche du tracé, de la position de cours d'eau, de vallées, et de celle de la route départementale n° 2. Par la nature du sol et la moindre élévation des montagnes, les difficultés d'exécution seraient vraisemblablement moins considérables dans cette région calcaire du département que dans la région granitique.

Le sommet de la voie de navigation, en calculant d'après les circonvolutions des cours d'eau, ne serait guère plus loin de l'embouchure de la Meuse que de celle du Rhône. Avec cette condition, l'inclinaison du sol vers le nord et vers le midi ne présenterait pas de grandes différences, et une semblable circonstance serait favorable, puisque, si l'un des côtés était beaucoup plus long que l'autre, la déclivité pourrait être plus faible qu'il ne serait nécessaire sur le premier et trop forte sur le second.

Une hauteur de 282 mètres au-dessus du niveau de

la mer, à Neufchâteau, supposerait un nombre triple de kilomètres, montant à 846 sur chaque versant, pour avoir en moyenne une pente d'un par trois mille mètres. Du côté du nord on en obtiendrait une moindre encore, en suivant les sinuosités de la Meuse. En effet, la distance de Neufchâteau à l'embouchure de cette rivière s'évaluerait à 850 kilomètres à peu près si, pour le trajet du fleuve en amont de la ville, on en retranchait 50 de son cours total d'environ 900 kilomètres.

Du côté du midi, en calculant d'après le nombre admis de 435 kilomètres pour le cours de la Saône, ôtant de ce nombre l'étendue de la rivière, depuis sa source jusque près de Saint-Julien, et y ajoutant la longueur du canal de jonction, on trouverait une estimation de 448 kilomètres. Le trajet du Rhône à la Méditerranée, depuis Lyon, serait de 354 kilomètres environ. Ces chiffres donneraient un total de 802 kilomètres de Neufchâteau à l'embouchure du fleuve. On n'aurait donc, en moyenne aussi, guère plus d'un mètre de pente par trois kilomètres, malgré celle du canal de jonction, qui serait d'un par 1100 à 1300 mètres.

Cette dernière déclivité serait susceptible d'être moins prononcée, si, par des tranchées plus profondes et plus longues, le sommet de la voie de navigation pouvait être placé plus près encore de son centre, un

peu plus au nord de l'arrondissement, à 269 m. d'altitude, à peu de distance du village où naquit Jeanne
Darc. Dans cette condition, les eaux du canal alimentaire se joindraient à celles de la Vraine, près de Girou-
court, puis à celles du Vair, avant d'arriver à la Meuse.
Ce canal aurait 69 kilomètres d'étendue et 41 mètres de
pente, ou à peu près. Le canal de jonction offrirait approximativement une longueur de 60 kilomètres et une
différence de niveau de 28 mètres, d'une de ses extrémités à l'autre, à partir du confluent de la Meuse et du
Vair jusqu'à celui de la Saône et de la Sale, près de
Saint-Julien. Il aurait ainsi moins d'un par 2000 mètres
de déclivité, et la moyenne de la pente totale sur chacun
des versants n'atteindrait pas un par 3000 mètres.

Cette grande voie de la mer du Nord à la Méditerranée aurait, d'après les données précédentes, une
longueur de plus de 1650 kilomètres. Son étendue sur
le sol de la France n'en formerait guère moins des
deux tiers.

Une partie des cours d'eau des bassins de la Meuse,
de la Moselle et de la Saône, qui partent de ce département, pourraient contribuer à l'alimentation de la
voie. La Meuse et le Mouzon, lorsqu'ils arrivent à
Neufchâteau, ont déjà parcouru l'un 50 kilomètres ou

3

environ, et l'autre un peu moins. Ils fourniraient donc des eaux au canal de jonction.

La Moselle surtout lui apporterait un puissant concours. Un canal alimentaire, ayant des dimensions assez considérables pour le rendre propre à porter des bateaux, sortirait de cette rivière, en aval d'Epinal, sur le territoire d'un village voisin. Puis, se tenant à une certaine élévation du côté de la rive gauche, il passerait sous un chemin de fer, recevrait sur la commune de Nomexy des eaux de l'Avière, laisserait à droite le village de Vincey, et pénètrerait, par le col de Dommartin, dans une vallée où un affluent du Colon et ce ruisseau lui-même serviraient d'indication pour l'établir. Il s'en éloignerait ensuite, en se dirigeant vers Mirecourt, dans le sens du tracé d'un chemin projeté de cette ville à Charmes. Enfin, une portion de l'étude d'un chemin de fer d'Epinal à Neufchâteau, fournirait des renseignements pour le conduire près de cette dernière ville, à la partie culminante de la voie plus vaste qui opèrerait la jonction des deux mers, et à l'alimentation de laquelle il aurait une grande part.

Une borne du nivellement général de France est placée dans Epinal près du canal des grands moulins et de l'hôtel de la Poste. Elle porte les chiffres 326-172, comme indices du nombre de mètres et de millimètres, de la hauteur au dessus du niveau de la mer. En estimant que le point de départ du canal alimentaire en serait éloigné de trois à quatre kilomètres, il aurait encore au moins 310 mètres d'altitude, après avoir tenu compte, par une déduction de plus de 16 mètres, des chûtes produites par trois barrages, de la pente de la rivière dans leur voisinage, et de l'élévation du parapet auprès de la borne. Les eaux de ce canal arriveraient donc facilement à Neufchâteau, dans le canal de jonction et dans la Meuse, à une hauteur de 282 mètres au-dessus du niveau de la mer, après avoir parcouru une longueur de 72 kilomètres, avec une déclivité de 28 mètres, ou environ. Elles se rendraient aisément aussi à 269 mètres d'altitude, près de Domremy-la-Pucelle, si l'on préférait suivre cette direction. Leur trajet serait alors de 69 kilomètres, et la différence de niveau, de leur point de départ à celui de leur arrivée de 41 mètres, ou à peu près. Cette pente serait du reste susceptible d'être un peu modifiée, par l'exhaussement plus ou moins grand des eaux de la Moselle, produit par l'écluse qui les partagerait entre deux mers.

La déclivité plus prononcée du canal alimentaire, dans la dernière hypothèse, lui permettrait de fournir, quand il serait utile, plus rapidement de l'eau à la grande voie de navigation.

Des réservoirs construits dans les vallées de la Meuse, du Mouzon et de la Moselle, dans d'autres encore et dans leur voisinage, aideraient à réparer les pertes imprévues, ou à l'entretien de la voie dans les temps de sécheresse.

Enfin, si le concours de tous ces moyens ne suffisait pas pour obtenir une grande voie de navigation, dont le point de partage serait à Neufchâteau, des eaux de parties assez élevées du Vair, de la Vraine et du Madon, seraient encore amenées à la partie culminante du canal de jonction, par l'intermédiaire du canal alimentaire, qui passerait à proximité de ces ruisseaux. Si la portion supérieure de la voie était près de Domremy-la-Pucelle, la Vraine et le Vair s'y rendraient naturellement.

En plaçant le canal alimentaire dans une position assez basse, il serait desservi par l'eau de la Moselle en volume plus considérable que s'il partait d'une trop grande hauteur. Il en recueillerait aussi avec plus d'abondance des ruisseaux que près de leurs sources, vers le sommet des montagnes Enfin, la déperdition y étant plus faible, parce qu'il y aurait moins de pente, il serait plus facile d'y avoir peu d'écluses, en l'employant à la navigation.

Utilisé de cette manière, il desservirait des intérêts de l'agriculture et de l'industrie dans les arrondissements de Neufchâteau, Mirecourt, Epinal et même Remiremont, en favorisant l'exportation des produits du sol et d'objets manufacturés, l'importation de productions de contrées lointaines, et peut-être même en fournissant à l'arrosement de plus ou moins grandes étendues de terrains, qui seraient converties en prairies. Il profiterait même à la salubrité publique dans les deux premiers de ces arrondissements, en leur portant de belles eaux de la Moselle.

Près de son point de départ, un port serait établi dans le lit actuel de la rivière et sur ses côtés, pour les bateaux de commerce, dont le déchargement s'opèrerait sur le territoire d'Epinal. Ce port deviendrait plus ou moins vaste selon l'élévation et la longueur de l'écluse. Il se trouverait placé à peu de distance de la gare du chemin de fer.

Le choix d'un point culminant a son importance dans certaines constructions. C'est près de là que, dans un édifice, se trouve la clef de la voûte. C'est là que, dans un canal de jonction, il convient de diriger surtout les eaux destinées à entretenir la partie supérieure de la voie, jusqu'aux lieux où des affluents ont suffisamment grossi les rivières mises en communication.

Mais les distances ne seraient pas bien longues, si les vues indiquées dans ce travail se réalisaient jamais, avant d'arriver à des parties considérées comme navigables; car la Saone a été regardée comme telle à Port-sur-Saône, dans un département limitrophe, et la Meuse à Vaucouleurs, petite ville peu éloignée de Neufchâteau.

Avec le concours de trois rivières et d'autres cours d'eau secondaires, ou, en quelques mots, d'une grande partie des eaux de quatre arrondissements des Vosges, avec aussi de vastes réservoirs, construits pour les temps de sécheresse sur plusieurs points des vallées parcourues et dans leur voisinage ; enfin, avec une faible déperdition d'eau, par suite du peu de hauteur du sommet de la voie principale, proportionnellement à son étendue sur l'un et l'autre versant, cette voie serait praticable, je pense, sur de grandes dimensions.

L'ensemble du projet se composerait principalement d'un canal de jonction, de la Meuse à la Saône, et d'un canal d'alimentation, se rendant de la Moselle à la partie supérieure du premier, l'un servant à la navigation de la mer du Nord à la Méditerranée, et l'autre aux transports par bateaux dans ce département.

Approximativement, l'altitude de la Moselle, au

point de départ, serait de 310 mètres au moins ; celle de la Meuse, à Neufchâteau, de 282 mètres, ou bien de 269 près de Domremy-la-Pucelle, et celle de la Saône, près de Saint-Julien, de 241 mètres.

Les travaux indiqués pourraient être faits en deux portions. Par la première, la plus importante pour le département des Vosges et la moins difficile à exécuter, serait complétée la navigation de la Meuse depuis un point de l'arrondissement de Neufchâteau jusqu'à la frontière belge, au moyen des ressources que fournirait le canal alimentaire. On y ajouterait l'établissement de la communication de la rivière avec le canal de la Marne au Rhin, qui passe au-dessus d'elle à peu de distance de Void.

La seconde portion se composerait du canal de jonction et d'améliorations du côté de la Méditerranée.

Par l'ensemble des constructions du côté du nord, des houilles de Belgique, des cotons, depuis le Hâvre, pourraient arriver en bateaux dans ce département, et des fers, des fécules, des bois de travail et de chauffage, en être exportés de la même manière et être dirigés vers Paris ou vers le nord et l'est de la France.

L'Alsace, qui nous avoisine, est traversée par le canal de la Marne au Rhin. Elle l'est aussi par celui du Rhône au Rhin. Le canal des houillères de la Sarré, actuellement en voie d'exécution, contribuera à procurer à ses fabriques du charbon de terre à bon marché. Enfin, un projet existe pour la construction d'un canal, destiné à répandre avec abondance les eaux nécessaires à la mise en mouvement des usines et à l'irrigation des terres, dans la vaste plaine comprise entre Mulhouse et Neuf-Brisach, entre le Rhin et la rivière d'Ill.

De ce côté de la chaîne de montagnes qui nous sépare de l'Alsace, le département des Vosges, d'où partent la Moselle, la Saône, la Meurthe, la Sarre, que traverse la Meuse, si fécond enfin en cours d'eau et si riche en manufactures, n'a pas un seul canal de navigation.

V

JONCTION DE LA SAONE A LA MEUSE

J'ajouterai quelques considérations faisant suite à mes derniers articles, relatifs à la jonction de la Saône à la Meuse, pour bien préciser mon opinion sur le choix de la direction la plus convenable à l'établissement d'un canal qui réunirait ces deux rivières, sur celui du point de partage le plus avantageux pour obtenir une grande voie de navigation de la mer du Nord à la Méditerranée, et sur les ressources propres à faire apprécier la possibilité de donner à cette voie des dimensions considérables. Ce travail servira de résumé aux principales vues que j'ai émises sur ces questions.

⅔ᵉ DIRECTION

J'ai indiqué quatre projets pour l'union de la Saône à la Meuse. J'exprimerai ma pensée sur chacun d'eux, maintenant qu'une étude plus approfondie a fixé ma manière de voir à cet égard.

1° Dans le premier, le point de partage serait pris à quelque distance en amont de Darney. Le canal passerait, d'un versant à l'autre, à ciel nu ou avec le concours d'un tunnel, et arriverait dans la vallée du Vair, puis dans celle de la Meuse ; mais le sommet de la navigation y serait plus élevé, plus éloigné du centre de la voie et moins pourvu de ressources que dans certaine autre combinaison.

2° Si l'on voulait adopter le trajet le plus court pour l'union de la Meuse à la Saône, il aurait très-probablement son point de départ à Neufchâteau et aboutirait à Darney, ou dans son voisinage. La route départementale n° 17, d'une de ces localités à l'autre, offre environ 39 kilomètres de longueur, et peut servir pour évaluer l'intervalle qui les sépare.

Les hauteurs des deux cours d'eau, prises dans ces villes, présenteraient entre elles une différence d'environ 17 mètres. En effet, le sommet du clocher de Darney se trouve à 306 mètres au-dessus du niveau de

la mer. En estimant à 41 son élévation relativement
à la Saône, l'altitude de cette rivière serait de 265
mètres. Or celle de la Meuse à Neufchâteau est de
282.

Mais la Saône, depuis Darney jusqu'au lieu où elle
passe à 241 mètres d'altitude, près de Saint-Julien,
présente une déclivité de 24 mètres, et peut-être plus,
sur 17 kilomètres, ou environ, de distance, ou d'un et
demi à peu près par mille mètres. Cette pente entraî-
nerait la construction d'écluses trop rapprochées. Elle
exposerait à l'ouverture trop fréquente des vannes, et
aux pertes d'eau trop réitérées qui s'en suivraient.

3° Si l'on se dirigeait, de la Meuse à la Saône, en
partant de Neufchâteau et en arrivant près de Saint-Julien, le sommet de la navigation aurait plus de hauteur que pris à proximité de Domremy-la-Pucelle. Il
serait moins voisin du milieu de la voie, ne recevrait
pas d'eau en aussi grande quantité, et le nombre des
écluses serait plus considérable.

4° Le quatrième projet, dans lequel le sommet de la
navigation serait placé en aval de Domremy-la-Pucelle, me paraîtrait offrir le plus d'avantages. J'entrerai
dans quelques détails à cet égard.

2° POINT DE PARTAGE PRÈS DE DOMREMY-LA-PUCELLE.
SON ALTITUDE. — SES RESSOURCES. — SA PROXIMITÉ
DU MILIEU DE LA VOIE. — MOYENNE DE LA PENTE TO-
TALE D'UNE MER A L'AUTRE.

Un point de partage, choisi près de Domremy-la-
Pucelle, se trouverait à 269 mètres de hauteur au-dessus du niveau de la mer. Il serait approximativement
de 86 mètres plus bas que celui du canal du Rhône au
Rhin, et de 126 mètres moins élevé que celui du canal
de Bourgogne.

On y trouverait la Meuse, accrue du Mouzon et de
la Saunelle, et le Vair, grossi par la Vraine. On y
ajouterait une partie plus ou moins grande de la Moselle, déjà flottable depuis Epinal, et des portions de
l'Avière et du Madon, qui seraient déviées de leurs lits,
à une élévation suffisante pour venir se joindre au
canal alimentaire. On obtiendrait ainsi, de ces huit
cours d'eau, des ressources considérables, dont une
certaine quantité dirigée dans le sens du midi, s'unirait
à la Saône, augmentée de la Sale.

En plaçant la partie culminante du canal de jonction à 269 mètres d'altitude, près de Domremy-la-Pucelle, elle serait de 13 mètres moins haute qu'à Neufchâteau, et se trouverait près du centre de la voie, si

ce canal passait dans le voisinage du Madon ; car, en supposant le point de départ dans cette ville, on estimerait à 850 kilomètres le parcours qui s'étendrait de là jusqu'à l'embouchure de la Meuse, et à 802 celui qui se rendrait à celle du Rhône. En retranchant du premier de ces nombres et ajoutant au deuxième douze kilomètres depuis Neufchâteau jusqu'en aval de Domremy-la-Pucelle, il y en aurait, à partir de ce dernier lieu, 838 vers le nord et 814 vers le midi. Or, comme en se dirigeant du côté du Madon, le dernier de ces trajets serait de 21 kilomètres plus long, ou à peu près, qu'en passant du côté du Mouzon, on l'évaluerait à 835 kilomètres. On pourrait donc approximativement admettre cette longueur depuis le point de partage jusqu'à la Méditerranée, et celle de 838 depuis le même point jusqu'à la mer du Nord. La totalité de la voie serait alors de 1673 kilomètres, ou environ.

Dans ces conditions, la moyenne de la pente entière d'une mer à l'autre ne serait pas d'un par trois mille mètres. En effet, une altitude de 269 mètres au sommet de la voie ne supposerait qu'un nombre triple de kilomètres, montant à 807 sur l'un et sur l'autre versant, pour arriver à une semblable déclivité. La pente serait donc moindre avec un parcours approximatif de 835 kilomètres au midi, et de 838 au nord du point de partage.

3° 1. CANAL DE JONCTION AVEC POINT DE PARTAGE A LA
MEUSE, EN AVAL DE DOMREMY-LA-PUCELLE. — 2.
TROIS RUISSEAUX POUVANT SERVIR DE GUIDES DANS
L'ÉTUDE DU TRACÉ. — 3. EXPOSÉ DE LA DIRECTION
QUI ME PARAÎTRAIT PRÉFÉRABLE. ÉTENDUE ET DÉ-
CLIVITÉ DU CANAL DE JONCTION. — 4. LONGUEUR
DU TRAJET DU CÔTÉ DU MOUZON OU DU VAIR. —
5. CANAL ALIMENTAIRE. SON PARCOURS. SA PENTE.
SA PROFONDEUR. — 6. ENSEMBLE DES TRAVAUX.
RÉSERVOIR ET PORT. — 7. PROLONGEMENT DE LA
VOIE.

Le canal de jonction partirait du confluent de la
Meuse et du Vair et arriverait à celui de la Saône et
de la Sale. Trois ruisseaux, dont les eaux coulent vers
le nord, pourraient surtout servir de guide à l'étude
du tracé, pour franchir l'intervalle qui sépare les deux
versants : ce sont le Vair, le Mouzon et le Madon.

Le Vair a sa source dans les bois de Contrexéville.
Il passe à quelque distance de Vittel, reçoit la Vraine
à Removille, et se réunit à la Meuse près de Domremy-
la-Pucelle. Il est séparé de la Saône par une montagne
élevée.

Le Mouzon prend naissance sur le territoire de la

commune de Martiguy-lez-Lamarche, et va se joindre à la Meuse à Neufchâteau.

Du territoire de Vioménil, d'où part la Saône sur le versant du midi, sort aussi le Madon sur le versant du nord. Ce ruisseau passe à Lerrain, à proximité de Begnécourt, à Mattaincourt, Mirecourt, et se rend à la Moselle dans le département de la Meurthe.

Si l'on prenait surtout pour guide le cours du Vair ou celui du Mouzon, et si l'on voulait passer directement de la vallée de la Meuse dans celle de la Saône, on serait entraîné à l'exécution de grands travaux pour une tranchée très-haute dans sa partie moyenne, peut-être même à la construction d'un assez long tunnel ; or un percement à ciel ouvert me paraît bien préférable à ce dernier moyen. Du côté de la Saône, on rencontrerait d'ailleurs dans certaine localité un sol défavorable.

En prenant la vallée du Madon comme intermédiaire, la direction qui se rapprocherait de la partie supérieure de ce ruisseau, plus longue dans son parcours, n'offrirait pas un faîte aussi élevé entre les deux versants, et l'on n'aurait pas à creuser une tranchée aussi profonde. Je vais exposer quelques idées là-dessus, et, pour l'intelligence du projet de canal de jonction, je le diviserai en trois portions : La première s'étendrait depuis la Meuse, en aval de Domremy-la-Pucelle, jusque près de Lerrain ; la seconde, depuis ce dernier endroit jusque près de la Saône, et la troisième suivrait la vallée de cette rivière, jusqu'aux environs de Saint-Julien. Je commencerai par la seconde portion, comme propre à servir en partie de base à la direction et à la déclivité des deux autres, qui, l'une au nord et l'autre au midi, se relieraient à cet intermédiaire.

A peu de distance du village de Lerrain, près de la route départementale n° 19 et du ruisseau des Etangs, est indiquée sur la carte une altitude de 315 mètres. Elle est réduite à 310 mètres 67 centimètres quand ce ruisseau arrive au Madon.

En partant de ce dernier lieu, sur le versant du nord, et aboutissant, sur le versant du sud, à un point rapproché de la Saône, près de son passage sous la route n° 19, il y aurait, en ligne droite, un peu plus de 7 kilomètres. A proximité de ce dernier point est une altitude de 306 mètres seulement.

Pour traverser cet intervalle de 7 à 8 kilomètres, depuis près du Madon jusque près de la Saône, on ouvrirait dans le voisinage de Lerrain, à 310 mètres 67 centimètres d'altitude, une tranchée d'abord de 45 mètres de profondeur. Par cette dimension, le sol de sa partie inférieure s'y trouverait abaissé à 265 mètres 67 centimètres. La tranchée serait prolongée du côté du sud avec une pente de 6 à 8 mètres jusque près de la Saône. Elle varierait en élévation, et, dans une partie de son trajet, elle serait beaucoup plus haute, parce que, sur le territoire de Jésonville, elle franchirait le sommet des monts Faucilles, à l'altitude de 354 mètres ; mais ce faîte a peu d'épaisseur, et, si des difficultés se présentaient pour le traverser à ciel ouvert, il serait préférable encore de s'efforcer de les surmonter que d'avoir recours à un tunnel de 3 à 4 kilomètres.

Une tranchée profonde, pour arriver à la Saône, aurait, il est vrai, l'inconvénient d'entraîner plus de frais dans son exécution que l'établissement d'un point de partage vers le sommet d'une montagne ; mais elle offrirait l'avantage de diminuer la dépense de construction et, plus tard, d'entretien de trop nombreuses écluses, et les embarras qui s'y rattacheraient. De cette manière, elle profiterait à l'avenir, pour lequel une partie de ces charges serait épargnée.

La tranchée, dont le fond serait à 265 mètres 67 centimètres près de Lerrain, présenterait dans sa partie basse moins de hauteur au dessus du niveau de la mer qu'un point de partage pris à 269 mètres, en aval de Domremy-la-Pucelle. Elle pourrait donc, avec le

5

concours de travaux intermédiaires, recevoir depuis ce point des eaux qui, après s'y être introduites, arriveraient près de l'étang d'Harcourt, à l'endroit où est indiquée sur la carte l'altitude de 306 mètres. Cette dernière hauteur aurait été réduite, par le prolongement du percement, à 260 m., ou environ. De ce point jusque près de la Saône, la distance est approximativement de cinq à six cents mètres. Elle aurait été franchie, avec une légère pente, par la continuation de la tranchée.

Le canal de jonction, parvenu dans le voisinage de la Saône, un peu au-dessous de 260 mètres d'altitude, s'y trouverait beaucoup moins élevé que la rivière. Dans ce lieu commencerait sa troisième portion. Elle aurait pour but de le prolonger dans la vallée jusqu'à l'endroit où il serait confondu avec cette rivière, qu'il recevrait près de Saint-Julien, à 241 mètres d'altitude, après un parcours d'une vingtaine de kilomètres approximativement et une pente de 18 à 22 mètres. D'après les dispositions du terrain, on s'enfoncerait en général de moins en moins dans les fouilles, en creusant cette troisième portion, et en s'avançant vers l'embranchement des deux courants d'eau, dont la différence de niveau finirait par disparaître.

Les deux dernières portions du canal de jonction, beaucoup plus courtes dans leur ensemble que la première, auraient une assez grande déclivité. On pourrait éviter cet inconvénient en donnant, par des déblais plus considérables, au canal entier une pente uniforme de la Meuse à la Saône.

La première portion du canal de jonction, d'une longueur approximative de 53 kilomètres, partirait de la Meuse au point de partage, à 269 mètres d'altitude. Elle aurait, dès son début, la profondeur qui serait admise pour ce canal ; puis, en maintenant cette dimension, elle passerait dans les vallées du Vair et de la Vraine. Une élévation, assez forte du côté de Gironcourt, en déterminerait une aussi dans la tranchée. Depuis près de ce village, on aurait d'abord pour guide l'étude d'une fraction d'un chemin de fer projeté d'Epinal à Neufchâteau. On arriverait dans la vallée du Madon, en amont de Mattaincourt, à une altitude à peu près semblable à celle de la vallée de la Meuse, près de Domremy-la-Pucelle. On se dirigerait ensuite sur la rive gauche du ruisseau, vers le commencement de la seconde portion du canal, à laquelle la première se réunirait près de Lerrain.

Près de ce même lieu aussi, à l'extrémité sud de la

première portion, le bas de la tranchée serait à 265.
mètres 67 centimètres d'altitude. Si, au moyen d'une
écluse, l'eau se trouvait élevée de ce côté à 3 mètres 33
centimètres, sa superficie y serait à la hauteur du point
de partage, placé à 269 mètres, en aval de Domremy-
la-Pucelle. La première portion du canal offrirait alors
une grande ligne horizontale de 3 mètres 33 centimètres de profondeur, depuis une écluse près de la Meuse
jusqu'à une seconde écluse près de Lerrain ; mais
cette profondeur de 3 mètres 33 centimètres ne suffirait
pas toujours au passage de navires, et mieux vaudrait,
en s'enfonçant davantage dans le terrain, donner de
six à neuf mètres à cette portion et aux deux autres, si
les ressources en eau étaient suffisantes.

En résumé, une longue tranchée commencerait à la
Meuse, en aval de Domremy-la-Pucelle, ayant dans
toute son étendue la profondeur adoptée pour le canal
de jonction. Elle pourrait être horizontale dans sa partie inférieure jusque près de Lerrain. Le percement,
par la seconde portion, traverserait le faîte des montagnes entre deux points rapprochés, l'un du Madon et
l'autre de la Saône. La troisième portion diminuerait
peu à peu, dans son enfoncement, en suivant la vallée
jusque près de Saint-Julien, où sa superficie se trouverait au niveau des bords de la rivière, qui se réunirait
au canal.

Alors serait traversée par une voie navigable la chaîne des monts Faucilles, élevés dans cette région comme une barrière entre le Nord et le Midi et s'étendant,
de l'Ouest à l'Est, depuis le plateau de Langres jusque
vers Belfort.

Le projet de canal de jonction, tel qu'il a été indiqué,
est susceptible d'être modifié, soit en donnant à ce canal une pente uniforme depuis le point de partage jusque près de Saint-Julien, soit en lui faisant d'abord
suivre une ligne horizontale de la Meuse à la Saône.
Le premier de ces modes, si l'on faisait abstraction de
la dépense, serait peut-être préférable à tous les autres.
Le second se baserait sur l'analogie d'altitude entre
certaines localités. En effet, à proximité de Domremy-
la-Pucelle, de Mirecourt et de Darney, on pourrait trou-
ver une élévation de 269 mètres. En traversant, par des
tranchées plus ou moins profondes, les intervalles qui
séparent ces lieux, on obtiendrait un canal horizontal
d'une longueur de 65 kilomètres, ou à peu près, entre
la Meuse et la Saône ; mais alors, du côté de Darney
et de Monthureux, les écluses seraient plus rapprochées
qu'en les espaçant depuis près de Lerrain et surtout
depuis près de Domremy-la-Pucelle.

Sous certains rapports, les travaux indiqués parai-

tront présenter peut-être des proportions trop vastes.
La tranchée près de Lerrain, pourrait-on objecter, serait moins élevée de 13 mètres et réduite de 45 à 32,
en prenant à Neufchâteau le point de partage, à 282
mètres d'altitude, au lieu de le choisir près de Domremy-la-Pucelle, à 269 mètres ; mais déjà, à peu de distance
de Xertigny, une tranchée a été creusée à 35 mètres de
profondeur, dans le but de surmonter un obstacle, op-
posé aussi par cette chaîne des monts Faucilles, à la
construction du chemin de fer de Nancy à Gray, et là
vraisemblablement la roche granitique a offert plus de
résistance qu'on n'en rencontrerait dans un sol diffé-
rent, placé vers le midi de l'arrondissement de Mirecourt.

Veut-on d'ailleurs, en se reportant à un souvenir
historique, apprécier la possibilité de ce percement
par ce que jadis on a jugé praticable ? Eh bien ! autre-
fois M. Lecreulx, ancien Ingénieur en chef de Lorraine,
avait pensé que, pour la jonction de la Saône à la Moselle, il fallait faire une tranchée à ciel ouvert de 4,000
toises de longueur et de 400 pieds de hauteur dans son
milieu, dans un terrain de granit et de poudingue.

Un point de partage choisi près de Domremy-la-
Pucelle me paraît, pour une grande voie, avoir beau-

coup plus d'avantages que ceux indiqués par les autres projets. Recevant des eaux en plus grande abondance, il fournirait plus de ressources, et l'on parviendrait plus facilement à obtenir une puissante navigation, propre à traverser les mers. Par sa moindre altitude, on aurait moins d'écluses et conséquemment moins d'entraves, et, par sa position plus voisine du centre, on serait moins exposé à une pente trop forte sur le plus court versant. Enfin, la déclivité de la seconde et de la troisième portion du canal de jonction serait moins prononcée.

L'étendue du canal de jonction, partant du voisinage de Domremy-la-Pucelle et aboutissant près de Saint-Julien, en passant à peu de distance de Dompaire, et à proximité de Darney et de Monthureux-sur-Saône, serait de 81 kilomètres et sa déclivité de 28 mètres, ou à peu près.

La première portion, depuis la Meuse jusque près de Lerrain, offrirait une longue surface horizontale de 53 kilomètres, ou environ. Les deux dernières portions réunies auraient approximativement une longueur de 28 kilomètres.

Si l'on voulait connaître la différence d'étendue qui existerait entre cette direction et deux des autres précédemment indiquées, l'une du côté du Mouzon et l'autre du côté du Vair, on trouverait le trajet moins grand par ces dernières. En cherchant, en effet, à se rendre compte de la longueur à parcourir depuis le confluent de la Meuse et du Vair jusqu'à celui de la Saône et de la Sale, se guidant sur le cours du Mouzon, et passant près de Lamarche, de Neufchâteau et de Coussey, on arriverait à une appréciation d'une soixantaine de kilomètres. Dans l'autre direction, en choisissant, comme indication principale, le cours du Vair, traversant Contrexéville et le voisinage de Vittel et de Neufchâteau, il y aurait entre les deux mêmes points 65 kilomètres, ou environ. Cette différence entre l'une ou l'autre de ces lignes et celle qui avoisinerait Mirecourt et Lerrain, n'est pas un motif suffisant pour ne pàs donner la préférence à la dernière.

Le canal alimentaire, dont il a été question dans le quatrième article, serait pris à la Moselle, peu loin de Golbey, et à une petite distance en aval d'Épinal. Après avoir passé sous le chemin de fer de cette ville à Nancy, il suivrait le sens de la vallée de la rivière jusque près de Vincey. Laissant ce village à droite, il traverserait le col de Dommartin et entrerait dans la vallée du Colon. On serait ensuite guidé par l'étude d'un chemin de Charmes à Mirecourt. Le canal croiserait le Madon, en aval ou en amont de cette dernière ville, et serait placé sur le côté droit d'un chemin de fer projeté d'Epinal à Neufchâteau, jusque près de Gironcourt. De là, il deviendrait voisin de la rive droite de la Vraine, puis de celle du Vair, et arriverait à la Meuse. Il offrirait un parcours de 69 kilomètres, ou à peu près, et une pente approximative de 41 mètres. Deux à trois mètres de profondeur y suffiraient au transport des bateaux.

D'un canal de la Moselle à la Meuse et d'un autre de la Meuse à la Saône, unis par un port où se trouverait le point de partage, se composerait presqu'entièrement l'ensemble des travaux. Le premier, le canal alimentaire, partirait d'un bassin situé dans la Moselle et sur ses côtés. Il aboutirait, dans le lit de la Meuse et sur ses rives, à un autre bassin, vaste, dominant les deux mers, destiné à servir de réservoir et de port. Là se rencontrerait le sommet de cette voie de l'Océan à la Méditerranée, qui serait surtout celle de la France, tandis que par le Rhin, le Danube et la mer Noire, elle est plutôt celle de l'Allemagne, et que, par le détroit de Gibraltar, c'est de préférence la voie de l'Angleterre.

De ce port où serait le point de partage, sortirait le canal de jonction. La tranchée, par laquelle il serait formé, traverserait, à peu de distance de Lerrain, la

6

cime des monts Faucilles, dans un intervalle placé entre le Madon et la Saône, et s'enfoncerait ensuite dans la vallée de la rivière jusque près de Saint-Julien.

Depuis le point de départ à la Moselle jusque près de Saint-Julien, l'ensemble des travaux présenterait approximativement une longueur de 150 kilomètres et une déclivité de 69 mètres.

En amont du bassin où le canal alimentaire prendrait naissance, on draguerait la Moselle dans une étendue de deux kilomètres, ou environ. A l'aide de ce moyen, les bateaux la remonteraient et seraient déchargés sur le territoire d'Epinal.

D'un autre côté, en aval de Saint-Julien, le canal de jonction serait prolongé, si on le croyait utile, jusque dans le département de la Haute-Saône.

Une communication pourrait être établie entre les deux canaux, à proximité de Mirecourt, pour abréger le trajet des bateaux qui, venant de la Moselle, seraient à destination du midi.

4° ÉCLUSES.

On s'aiderait d'écluses élevées, construites surtout dans le voisinage des montagnes, pour obtenir le plus possible de largeur et de profondeur. Je ferai là-dessus quelques observations.

Avec une altitude approximative de 270 mètres au point de partage, quatre-vingt-dix écluses, de trois mètres d'élévation, sur chacun des versants, l'un et l'autre de plus de huit cent kilomètres de longueur, réduiraient à la position horizontale, ou à peu près, presque toute l'étendue de la superficie des fractions dont se composerait la voie. Les pertes d'eau y seraient ainsi bornées à celles produites par les infiltrations dans le sol, l'évaporation, l'ouverture plus ou moins souvent répétée des vannes, et même par la trop grande plénitude due à l'abondance des affluents dans la saison pluvieuse.

En donnant aux écluses le double de hauteur, quarante-cinq de chaque côté tiendraient lieu de quatre-vingt-dix, et, en portant leur exhaussement à neuf mètres, trente sur l'un et l'autre versants produiraient un résultat analogue. Plus elles auraient d'ailleurs d'élévation, moins elles seraient fréquentes, et plus grands pourraient être les bâtiments qui les traverseraient.

Le calcul des eaux disponibles guiderait dans le choix des dimensions à adopter pour le canal de la Meuse à la Saône. Quant à la possibilité d'exécution de travaux considérables pour une navigation à l'intérieur de la France et aux résultats à espérer de cette entreprise,.

on trouverait des renseignements à cet égard dans le passage suivant du *Mémorial d'Aix*, publié depuis peu, où la profondeur projetée pour le canal du port de Bouc à l'étang de Berre est indiquée :

« Le creusement à trois mètres de plus du canal qui rejoint le port de Bouc à cette mer intérieure que l'on appelle l'étang de Berre, est chose décidée. Les travaux sont mis en adjudication. La profondeur actuelle du chenal est de trois mètres. Avec celle de six mètres qui va lui être donnée pourront arriver dans l'étang les paquebots, les trois-mâts, les canonnières. Il est question de porter plus tard le creusement à neuf mètres, et la France possédera dans le Midi un port situé à cinq ou six lieues dans les terres, capable de contenir sa flotte de la Méditerranée, qui, réfugiée là, serait à l'abri de toute attaque. ».

Le nombre des écluses de la mer du Nord à la Méditerranée serait vraisemblablement moindre que celui calculé pour la ligne entière, proportionnellement à leur élévation ; car, en s'éloignant des montagnes, elles deviendraient plus rares au fur et à mesure que s'accroîtraient la Saône et la Meuse, et que des travaux de dragage et d'endiguement donneraient plus de profondeur aux bas-fonds des rivières.

Dans le canal alimentaire, le nombre et la hauteur

des écluses seraient calculés d'après sa pente et sa profondeur.

5° IRRIGATION.

L'expérience déciderait quelle quantité d'eau serait,
sans faire tort à la navigation, cédée à l'irrigation des
terrains près des deux rives de cette grande communication qui, dans une étendue de plus de mille kilomètres, traverserait la France, et près des bords du canal alimentaire.

6° PRIORITÉ POUR LES TRAVAUX.

Dans un intérêt industriel pour ce département, il
serait important de commencer les travaux par le canal
alimentaire, et de rendre la Meuse navigable depuis le
point où elle recevrait des eaux de la Moselle et de différents ruisseaux jusqu'au lieu où elle passe sous le
canal de la Marne au Rhin, avec lequel on la ferait
communiquer.

Alors du charbon des houillères de la Sarre serait
transporté par bateaux jusqu'à Epinal, et les manufactures de ce pays, où le combustible minéral est employé, jouiraient d'avantages analogues à ceux que
bientôt on obtiendra dans une contrée voisine par l'arrivée de cette matière. Si l'on voulait en apprécier la

valeur, on trouverait une donnée à cet égard dans une délibération du Conseil général du Haut-Rhin, prise en 1864, au sujet du canal de la Sarre. Chaque année de retard dans son achèvement, en dehors des. termes convenus, d'après le document indiqué, occasionnerait une aggravation de 15 à 16 millions, à ajouter aux pertes que causent déjà à l'industrie du Haut-Rhin la crise cotonnière et la concurrence étrangère.

Le département des Vosges est un de ceux où les cours d'eau sont le plus multipliés, et leur nombre s'y élève à 712. Dans cette région montagneuse, ils coulent avec plus de rapidité que dans des contrées presque plates et offrent de fréquentes chutes, utilisées par l'industrie et représentant une puissance considérable, susceptible d'être accrue ; car on n'en a pas encore tiré tout l'avantage possible. Cependant les usines sont nombreuses dans ce département, et la multiplicité des bureaux télégraphiques suffit pour donner une idée de l'importance des communications. Dans une partie des manufactures, la vapeur est devenue l'auxiliaire de la chute d'eau, surtout pendant les sécheresses, et il est facile d'apprécier l'importance du transport de la houille à bon marché.

Sous le rapport de l'intérêt de l'Etat, ce genre de transport aurait aussi sa valeur. Le département des

Vosges est le premier relativement à l'étendue des forêts domaniales. De là encore l'utilité d'une voie économique pour en exporter des bois de marine, de constructions ordinaires et de chauffage.

7° AVANTAGES SUR LE CANAL DU RHONE AU RHIN.

L'existence du canal du Rhône au Rhin n'est pas un motif suffisant pour empêcher d'entreprendre la jonction de la Saône à la Meuse. Ce canal, utile à la navigation des bateaux, peut ne pas être propre à celle des navires.

Le trajet d'une mer à l'autre, par le département des Vosges, serait moins long que par l'Alsace, et présenterait une moins grande étendue de rives sur le sol étranger.

En cas de guerre au centre de l'Europe, la traversée en Belgique et en Hollande, depuis la France, offrirait probablement moins de difficultés que par l'Allemagne.

9° PROJET ANCIEN.

La pensée d'unir la Méditerranée à la mer du Nord, à travers les Vosges, paraît remonter à une époque ancienne. On peut en juger d'après un passage de

Tacite. En voici la traduction par Dureau de Lamalle :

« Depuis long-temps on était tranquille en Germanie,
graces à nos généraux, qui, depuis l'avilissement du
triomphe, espéraient plus d'honneur en maintenant là
paix. Paulinus Pompéius et Lucius Vétus comman-
daient alors l'armée. Ces deux chefs ne voulant pas
laisser le soldat oisif, Paulinus fit achever la digue
commencée soixante-trois ans auparavant par Drusus,
pour contenir le Rhin, et Vétus se proposait de faire
un canal pour joindre la Saône et la Moselle. Nos trou-
pes embarquées sur la Méditerranée, puis sur le Rhône
et sur la Saône, auraient été, par ce canal, portées de
la Moselle dans le Rhin, et de là dans l'Océan : on n'eût
plus eu l'embarras des marches, et on aurait réuni par
la navigation les côtes du Nord et celles de l'Occident.
AElius Gracilis, lieutenant de la Belgique, fit avorter
ce projet, à force d'alarmer Vétus sur le danger de
porter des légions dans une province qui n'était pas la
sienne, et de paraître briguer l'affection des Gaules,
sur ce que l'empereur en prendrait de l'ombrage ;
considération qui arrête souvent des entreprises
louables.

Annales, Liv. XIII, CHAP. 53.

On peut supposer que, pour opérer l'union de la

Saône à la Moselle, le point de partage aurait été pris à peu de distance de Xertigny, au hameau du Void-de Cône, où existe l'Etang-du-milieu-du-Monde, dont les eaux sont versées dans deux ruisseaux, se rendant l'un à la première de ces rivières et l'autre à la seconde.

Une hauteur de 450 mètres au-dessus du niveau de la mer se trouve dans cette localité et serait bien forte, avec les pentes qui l'avoisinent, pour y placer le sommet d'un canal de jonction.

D'autres difficultés s'offriraient encore pour traverser une zone granitique, couverte en grande partie de hautes montagnes.

10° PROJET RÉCENT.

Dans la région occidentale ou calcaire, dont fait partie l'arrondissement de Neufchâteau, sont des plateaux peu élevés, des vallées assez étendues et presque plates. Moins d'obstacles s'y présenteraient et la nature du sol n'opposerait pas autant de résistance que le granit à l'exécution des travaux. On y rencontrerait deux conditions essentielles pour le choix de la partie culminante d'une grande voie de navigation : une altitude peu considérable et la faculté de s'y procurer de l'eau en abondance.

7

Enfin, un motif important me paraît trancher la question en faveur de l'union de la Saône à la Meuse. Avec cette combinaison on pourrait, d'après les dispositions géographiques, obtenir au point de partage le concours de la Moselle, et, avec la jonction de la Saône à la Moselle, ou à l'un de ses affluents, la Meuse n'y apporterait pas une puissante ressource.

Ainsi, par le premier de ces projets, la voie d'une mer à l'autre recevrait dans ce département des eaux de trois rivières, et, par le second, deux seulement lui en fourniraient.

Depuis la publication de mes précédents articles, un peu modifiés plus tard, la navigation a franchi l'Isthme de Suez. D'un autre côté, d'après la nouvelle Géographie méthodique, au nord du Holstein, un canal fait communiquer la mer du Nord avec la Baltique. La France, espérons-le, ne restera pas à l'écart, et, dans un avenir peu éloigné, peut-être auront disparu les lacunes qui mettent obstacle à une traversée plus favorable de la Baltique à la mer des Indes.

Epinal. — Typ. L. FRICOTEL.

*ADDITION à la quarante-deuxième page, en continuant
la septième ligne de cette page.*

Mais cet ensemble serait susceptible d'offrir moins de longueur si l'on adoptait le projet de canal de jonction tel qu'il a été décrit, en lui donnant la préférence sur les variantes, et en choisissant pour la première portion de ce canal une surface horizontale se prolongeant depuis le confluent de la Meuse et du Vair jusque près de Lerrain, avec une écluse à chacune de ses extrémités. Cette partie culminante de la voie d'une mer à l'autre aurait alors une étendue de 53 kilomètres, ou environ, et serait propre à recevoir de différents points des eaux destinées à l'entretien de la navigation sur l'un et sur l'autre versant. On pourrait donc y faire arriver près de Mirecourt le canal alimentaire par lequel afflueraient des dérivations de la Moselle et de l'Avière. Près de là encore, dans cette même fraction du canal de jonction serait dirigé le Madon, un peu dévié de son trajet actuel. Le Vair, accru de la Vraine, et la Meuse, grossie par le Mouzon et la Saunelle, en suivant leurs cours naturels, se rendraient aussi à la première portion de ce dernier canal.

Dans ces conditions, le canal alimentaire, dont une partie, tel qu'il a été tracé sur la carte, ne serait pas exécutée, aurait une étendue beaucoup moindre et ne présenterait que 32 kilom. au lieu de 69, ou à peu près.

Avec un parcours de 32 kilomètres, une déclivité de 41 mètres et des écluses de 3 mètres de profondeur, séparées les unes des autres par 14 intervalles de plus de deux mille mètres chacun, pour le canal alimentaire, et 81 kilomètres pour le canal de jonction, l'ensemble de ces deux canaux formerait un total de 113 kilomètres au lieu de 150, ou approximativement, et se trouverait réduit presque d'un quart de sa longueur.

Juillet 1867.

VI

PROJET DE JONCTION DE LA SAONE A LA MEUSE

Considérations nouvelles.

La construction du canal et du port de Saint-Louis, qui a été récemment le sujet d'une importante publication, peut intéresser vivement le département des Vosges. Si ce travail était réalisé, la navigation de la Saône, depuis le point où cette rivière porte bateau, arriverait au port Saint-Louis, par l'intermédiaire du Rhône inférieur, puis de là, par le canal du même nom, on gagnerait l'anse du Repos et le golfe de Fos, dans la Méditerranée.

Pour prolonger cette navigation en amont et la faire aboutir à la mer du Nord, il y aurait à procurer à une certaine partie de la Saône des eaux en plus grande quantité qu'elle n'en possède et à créer, au moyen d'un canal, une communication entre cette rivière et l'un des cours d'eau qui se rendent vers l'Atlantique, soit directement comme la Meuse, qui est un fleuve, soit indirectement comme la Moselle, qui se jette dans le Rhin. J'ai traité la question de l'union des deux mers dans une brochure qui a été publiée en 1866, et j'ai donné la préférence à la jonction de la Saône à la Meuse.

Si ce projet était mis à exécution, la voie de la mer du Nord à la Méditerranée se composerait de cinq fractions. La première de plus de huit cents kilomètres, serait formée par une très-grande partie du cours de la Meuse, la seconde par un canal de jonction de ce fleuve à la Saône, de 81 kilomètres, ou à peu près, dans le département des Vosges, la troisième par la portion la plus considérable de la Saône, la quatrième par le Rhône depuis Lyon jusqu'au port Saint-Louis, et la cinquième enfin par ce port et par le canal de la Tour-Saint-Louis à l'anse du Repos, dans le golfe de Fos.

Cette communication de la mer du Nord à la Méditerranée existe, dira-t-on peut-être, par l'intermédiaire du canal du Rhône au Rhin ? Examinons si une seconde voie analogue n'aurait pas encore sa raison d'être.

Il y a deux conditions essentielles pour l'établissement d'une navigation importante, destinée à traverser le sommet de deux versants opposés. La première se trouve dans la multiplicité et l'importance des cours d'eau propres à son entretien. La seconde dans la possibilité d'obtenir un point de partage peu élevé; car moins ce point aurait d'altitude moins il serait difficile d'y faire arriver d'abondantes ressources, qui de là se répandraient des deux côtés sur toute l'étendue de la voie, moins aussi il y aurait d'écluses sur chacun des versants.

Sous le premier rapport le département des Vosges est largement partagé, puisque le nombre des cours d'eau s'y élève à 712. Sous le second il le serait aussi, en choisissant près de Domremy-la-Pucelle un point de partage à la Meuse, à 269 mètres de hauteur au-dessus du niveau de la mer, conséquemment plus bas

de 86 mètres, ou à peu près, que le point de partage
du canal du Rhône au Rhin.

Je préférerais à un simple point de partage, occupant
peu d'espace, cette longue portion culminante horizontale, formant la première partie du canal de jonction,
telle que je l'ai indiquée. Placée entre une écluse à la
Meuse, près de Domremy-la-Pucelle, et une seconde
écluse, à peu de distance du village de Lerrain, elle recevrait à son extrémité nord, la Meuse, sortie du département de la Haute-Marne. Ce fleuve aurait parcouru déjà une soixantaine de kilomètres, ou environ,
et serait accru des eaux recueillies dans ce trajet, et
notamment de celles du Mouzon et de la Saunelle. La
partie supérieure de la Saône, venant du territoire du
village de Vioménil, serait conduit à l'extrémité sud de
cette portion culminante qui, vers son milieu, à proximité de la ville de Mirecourt, recevrait par un canal
alimentaire des eaux de la Moselle, pris en aval d'Epinal, et conséquemment en aval d'un point où cette rivière est déjà considérée comme flottante. Par ce canal
alimentaire lui arriveraient aussi des eaux de l'Avière,
détourné de sa direction sur la commune de Nomexy.
Du côté de Mattaincourt, par une autre déviation, le
Madon fournirait une partie de son cours au canal de
jonction, dans lequel la Vraine et le Vair se rendraient
en suivant leur parcours ordinaire, ou par un travail
qui le modifierait.

Cette grande partie culminante du canal de jonction,
d'une étendue de 55 kilomètres, ou à peu près, tirerait
donc d'abord son alimentation principale de neuf cours
d'eau, au nombre desquels figureraient trois rivières ;
mais comme elle serait construite principalement au

moyen de creusements assez profonds dans le sol, vers
son lit se dirigeraient encore des eaux de petits ruisseaux qui se rencontreraient près de ses rives, et des
pluies qui tomberaient sur les flancs plus ou moins es-
carpés des hauteurs qui l'avoisineraient. Enfin des réservoirs établis dans plusieurs vallées inclinées vers la
Moselle, contiendraient des masses d'eaux considérables, destinées à être utilisées dans les temps de sécheresse.

Peu de canaux à point de partage offrent vraisemblablement à leur partie culminante de semblables ressources. Celui du Rhône au Rhin s'y trouve plus élevé
à son sommet, et présente en outre une longueur plus
considérable dans son parcours que ne serait celle d'un
canal de la Saône à la Meuse ; conséquemment sous ces
deux rapports il serait moins avantageux. Enfin, en se
rapprochant de la frontière, il s'éloigne du centre de la
France et d'une ligne directe du midi au nord. Partant
de Saint-Symphorien, il passe dans les départements
de Saône-et-Loire, du Jura, du Doubs, du Haut-Rhin
et du Bas-Rhin, avant d'aboutir au fleuve près de
Strasbourg.

Le Rhin prend sa source en Suisse. Dans la partie de
son cours qui nous avoisine la France n'en possède
qu'une rive. Son trajet se fait en grande partie à travers
l'Allemagne. En allant vers la mer du Nord le Rhin
se partage en quatre branches. Deux se joignent à la
Meuse et la troisième se rend au Zuider-Zée, de sorte
qu'une seule se jette directement dans l'Océan.

La Meuse est d'origine française. Elle part du département de la Haute-Marne et passe dans ceux des
Vosges, de la Meuse et des Ardennes. En sortant de

France elle traverse la Belgique, puis la Hollande et, après un cours de 900 kilomètres, ou environ, grossie par deux branches du Rhin, elle se termine en grand fleuve à l'Atlantique. Si la paix de l'Europe venait à être rompue, le passage par la Meuse nous serait probablement fermé avec plus de difficulté que celui par le Rhin.

Presque tous les grands ports commerciaux du globe sont situés à l'embouchure de grandes voies navigables, par lesquelles sont expédiées a des distances plus ou moins longues dans l'intérieur de pays divers les productions du sol et de l'industrie d'autres régions. Celle de ces voies navigables qui traverserait la France du nord au midi, avec le concours d'un canal de la Saône à la Meuse, serait sous ce rapport doublement favorisée ; car du côté de l'Atlantique existe déjà un de ces grands ports de commerce, celui de Rotterdam, sur la Meuse, et du côté de la Méditerranée se trouvera peut-être bientôt le port Saint-Louis ou du Rhône. Les cargaisons, venues de la mer du Nord et de la Baltique sur des navires trop considérables pour pénétrer au loin dans le lit fluvial, seraient transbordées dans le premier de ces ports sur des bateaux de la Meuse, et celles arrivées de la Méditerranée, des Indes, de l'Océanie, le seraient au port Saint-Louis sur des bateaux du Rhône.

La question des transbordements se rattacherait à celle de la profondeur et de la largeur qui seraient adoptées pour la voie de navigation, à la suite des études des ingénieurs et des résultats de l'expérience. D'après les données qui seraient recueillies, on estimerait quelle quantité d'eau pourrait être obtenue à la partie culminante servant de point de partage et sur les versants du nord et du midi. Ces calculs deviendraient la base des dimensions à adopter pour les portions à créer entièrement et pour les améliorations à introduire dans celles qui existeraient déjà. Puis, d'après les proportions de la voie comparées à celles d'un navire stationné près de l'embouchure de la Meuse ou près de celle du Rhône, on jugerait si ce bâtiment pourrait remonter plus ou moins loin dans le lit fluvial, franchir même la distance d'une mer à l'autre, ou si, pour pénétrer plus haut, son chargement serait transbordé sur des bateaux.

Il est présumable que vers la fin de 1869, le creusement du canal de Suez sera terminé. Si les puissantes machines employées aux travaux de cette gigantesque entreprise devenaient inutiles en Egypte, on pourrait en faire usage sur le sol de la France, pour traverser par une tranchée assez profonde le faîte des monts Faucilles, dans un intervalle de sept à huit kilomètres, depuis près du Madon, sur le versant du nord, jusque près de la Saône, sur celui du midi. Un canal navigable serait commencé dans cet espace, et prolongé ensuite d'un côté jusqu'au point où le lit de la Saône en tiendrait lieu, et de l'autre côté jusqu'au cours de la Meuse.

Juin 1868.

Epinal. — Typ. L. Fricotel.

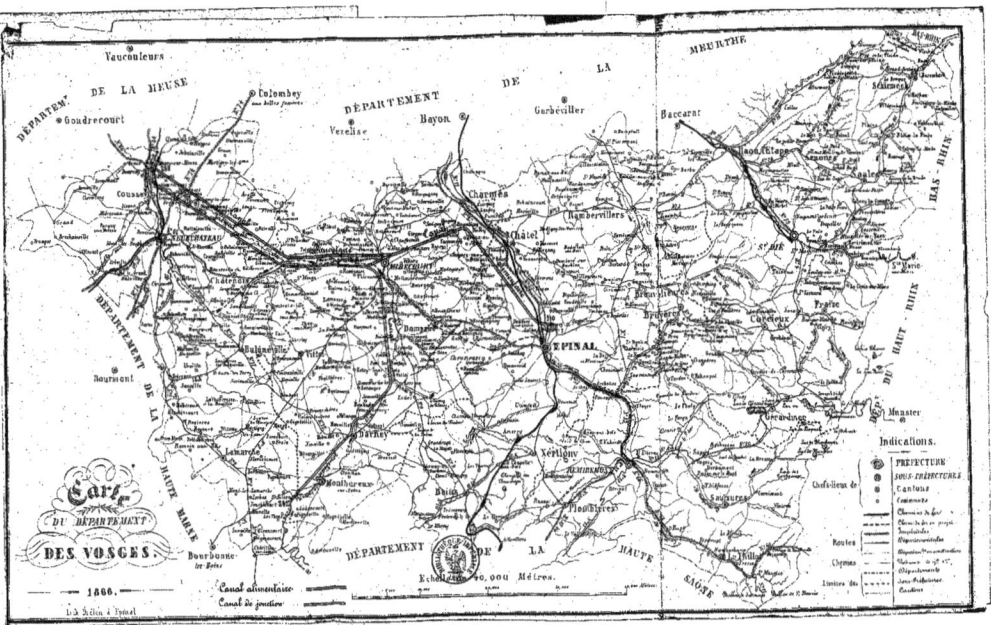

Carte
DU DÉPARTEMENT
DES VOSGES.

1866.

Échelle de 40,000 Mètres.

DÉPARTEMENT DE LA MEUSE

DÉPARTEMENT DE LA

MEURTHE

DÉPARTEMENT DE LA HAUTE MARNE

DÉPARTEMENT DE LA HAUTE SAÔNE

BAS-RHIN

DU HAUT-RHIN

Indications.

PREFECTURE
SOUS-PRÉFECTURE
Cantons
Communes

Chefs-lieux de

Routes
Chemins
Limites des

Chemins de fer
Chemins de fer projeté
Routes impériales
Routes départementales
Chemins vicinaux
Canaux
Départements
Arrondissements
Cantons

Canal alimentaire
Canal de jonction

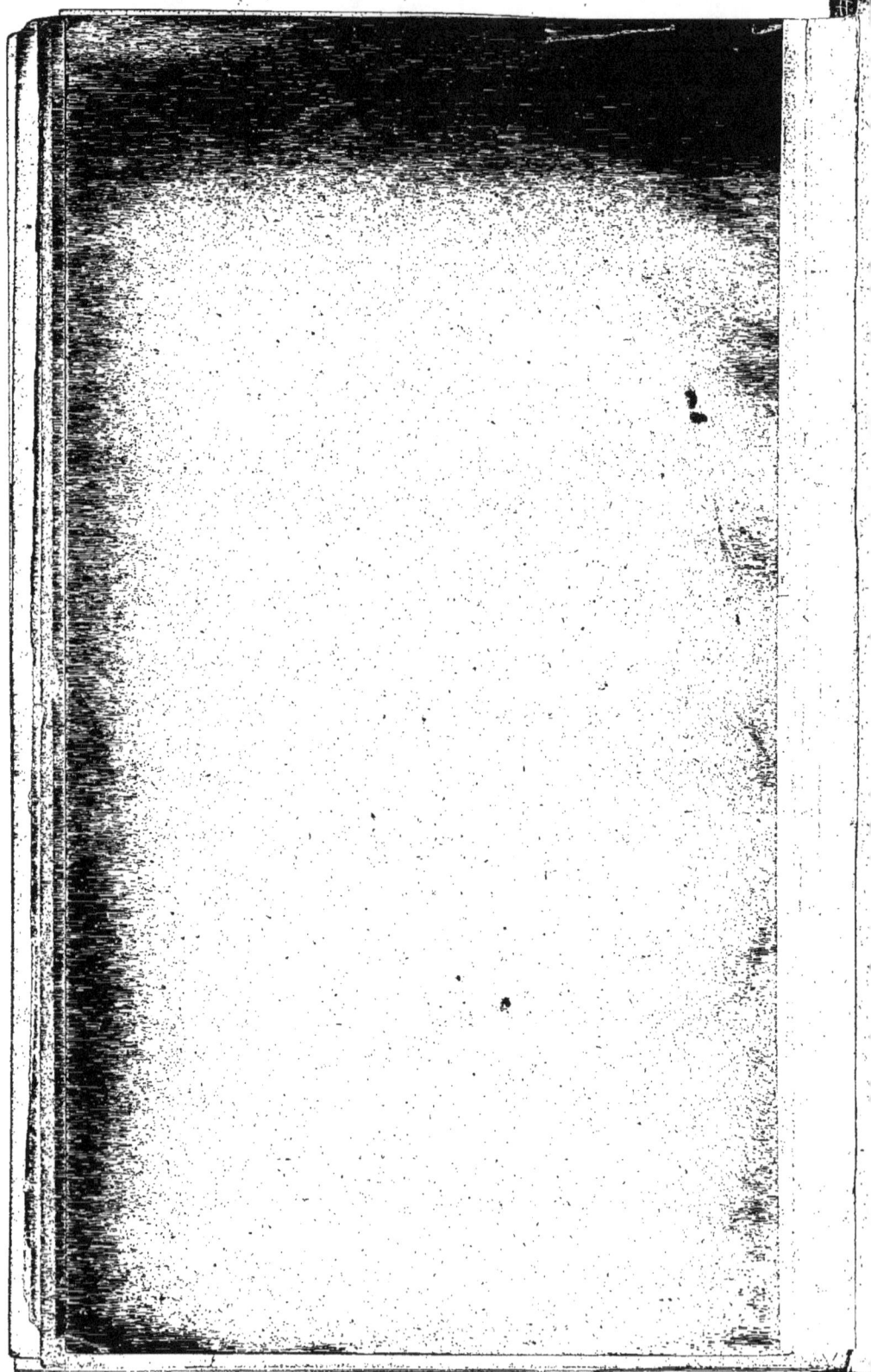